AF479440

LE COMTE

DE

CHAMBORD

EN ORIENT

RECUEIL DE RÉCITS INÉDITS, CONTENANT DES PROPHÉTIES ORIENTALES
SUR L'HÉRITIER DE FRANCE

PAR UN JOURNALISTE PARISIEN

Auteur des *Coulisses du Régime Impérial.*

Deuxième Édition. — Prix : 50 cent.

TOULOUSE
DELBOY PÈRE, LIBRAIRE-ÉDITEUR
71, RUE DE LA POMME, 71.

1871

LE
COMTE DE CHAMBORD
EN ORIENT

LE COMTE

DE

CHAMBORD

EN ORIENT

RECUEIL DE RÉCITS INÉDITS, CONTENANT DES PROPHÉTIES ORIENTALES

SUR L'HÉRITIER DE FRANCE

PAR UN JOURNALISTE PARISIEN

Auteur des *Coulisses du Régime Impérial.*

———o•o✕o•o———

TOULOUSE

DELBOY PÈRE, LIBRAIRE-ÉDITEUR

71, RUE DE LA POMME, 71.

—

1871

LE

COMTE DE CHAMBORD

EN ORIENT

En un moment où l'intérêt se porte sur le comte de Chambord d'une manière plus particulière et où chacun se plaît à répéter ce qu'il en sait ou ce qu'il en a entendu dire, j'ai cru à propos de consulter ma mémoire pour me ressouvenir de quelques détails sur son voyage en Orient, qui me furent rapportés, en leur temps , par des gens du pays, témoins oculaires. Ces détails n'ont guère été connus en France où je fus presque le seul qui en fis mention ; ils méritent actuellement de l'être sous plus d'un rapport. Ils peuvent servir à montrer la fausseté des jugements contemporains sur bien des choses, et prouver que le prestige du nom français en Orient fut l'œuvre exclusive de l'ancienne monarchie, et nullement des régimes modernes qui, loin de l'avoir augmenté, ne réussirent qu'à l'amoindrir.

En Orient, la figure de Saint-Louis demeurera toujours grande et respectée, celle de Napoléon y sera toujoujours l'objet de l'exécration et du mépris. Charles X a mis le comble à la reconnaissance des populations chrétiennes pour son glorieux ancêtre ; Napoléon III a mis aussi le comble à l'aversion de toutes les populations pour Napoléon Ier.

Un Turc disait, en apprenant la capitulation de Sedan, « c'étaient des *chiens conduits par un pourceau* (1). » Ce qui peut ainsi se traduire dans notre langue : c'était le *courage* conduit par l'*imbécillité*.

Un Grec m'écrivait, à la nouvelle de nos désastres : Oui, quelques-uns de nos nationaux ont bu à la Prusse et ont illuminé ; mais c'était pour fêter votre délivrance du règne le plus honteux que vous eussiez jamais subi. »

Ainsi pense l'Orient des Napoléons. L'on verra par l'accueil fait au comte de Chambord ce qu'il pensait des rois de France.

(1) Les Turcs ne se piquent pas d'atticisme dans le choix de leurs métaphores ; ils les empruntent volontiers à l'espèce animale. Quand il s'agit de parler de leur propre courage ou de leur magnanimité, ils prennent, pour terme de comparaison, les *lions* et les *aigles* ; mais, quand il s'agit de nous, c'est-à-dire d'un peuple non mahométan, ils nous comparent au chien, et nous devons nous tenir pour satisfaits de l'éloge, car le chien est à leurs yeux, le plus noble, type des races asservies. Le pourceau est, au contraire, encore plus pour eux qui ne mangent pas sa chair, que pour nous, qui nous en régalons, un des plus ignobles.

Dans l'histoire de nos guerres européennes, ils nous font en général l'honneur de nous appeler des chiens et d'appeler nos ennemis des pourceaux.

I

L'ORIENT A PARIS

Paris était, quand il y avait encore un Paris dans le monde, le point de réunion des trafiquants, des aventuriers, des proscrits, des gueux, des opulents, des curieux, des chercheurs, des savants, des rêveurs de l'univers entier. Tous ces nomades s'y rendaient incessamment comme les tribus errantes du désert au grand marché de Tombouktou. « Quand j'ai fait le tour de Paris, me disait un *humoriste* de mes amis, j'ai fait le tour du globe ; aussi voilà vingt ans que je n'ai mis le pied en wagon, si ce n'est au chemin de fer de ceinture, et encore je préfère le voyage à l'intérieur. »

L'humoriste avait raison, Paris était la métropole du genre humain ; les Chinois l'auraient appelé la ville *du milieu,* et ils auraient beaucoup mieux dit qu'en parlant de leur empire. Il y avait des cafés, des restaurants, des hôtels, des salons qui portaient plus particulièrement la marque d'une région ou d'une nationalité, de sorte que l'on pouvait aisément se transporter pour quelques heures loin de France sans quitter les murs de Paris.

Orientaliste par étude comme par philhellé-nisme, j'allais souvent chercher l'Orient dans les endroits où je le savais et parfois je l'attirais chez moi.

En consultant mes notes, je trouve quelques lambeaux des conversations d'une veillée, où l'Orient était en nombre et dont il fit tous les frais. Ces notes rapides ne sont que des indications très sommaires, mais elles me fournissent un cadre que mes souvenirs encore très vivants rempliront aisément.

C'était dans les premiers mois de 1862; je travaillais alors avec Alexandre Zoutzos à une traduction française de son poëme sur la guerre de Crimée. Cette traduction que nous ne pûmes publier à Paris à cause de certains traits mordants contre Napoléon III et sa politique, ne put l'être à Bruxelles comme elle l'aurait été, la mort du vieux poète étant venue y mettre empêchement. Cette collaboration, dans l'intérêt de son œuvre, l'amenait chez moi plusieurs fois dans le jour et souvent dans la soirée. Il ne cherchait pas à s'y faire suivre de ses compatriotes ; leur présence interrompait le travail et en retardait l'achèvement, mais ses compatriotes se plaisaient à venir l'y rencontrer et à faire tourner en causerie nos veillées laborieuses.

Un soir, non contents de venir eux-mêmes, ils nous arrivèrent augmentés, pour le plus grand dépit de mon pauvre poète, d'un officier turc et d'un maronite, ami et peut-être parent de Joseph Karam. Ces deux nouveaux personnages, en hostilité dans leur pays, vivaient dans le nôtre en fort bons termes et paraissaient unis avec mes Hellènes dans un commun amour pour la France. Aussi m'en parlaient-ils plus volontiers que de l'Orient, assurés sans doute d'être toujours plus d'accord sur le premier point que sur le second. Mais je n'y trouvais pas aussi bien mon compte et, quelque agréables que me fussent leurs témoignages d'affection pour ma patrie, je mettais tous mes efforts à les ramener un peu chez eux, pour apprendre de leur bouche ce que les récits des voyageurs ne sauraient exprimer avec le même degré de naturel et de véracité. Je ne sais comment le hasard de la conversation m'avait fait prononcer le nom du comte de Chambord, mais à peine fut-il tombé de mes lèvres, qu'il provoqua de toutes parts une exclamation d'enthousiasme.

Le vieux poëte, qui s'était jusque là tenu à l'écart devant la table où il feuilletait ses cahiers avec impatience et de fort mauvaise humeur, releva la tête à cette explosion, et, comme à cause de sa surdité il n'avait pas bien entendu, s'informa de ce qui pouvait en avoir été le sujet.

Quand on le lui eut appris : —Oh ! oui, fit-il, honneur au comte de Chambord ! c'est l'héritier des rois de France ! ils ont toujours combattu pour la croix, et ont fait triompher dans nos mains le drapeau de l'indépendance ! Autrement, ajouta-t-il en parlant plus particulièrement pour moi, vous savez que je n'aime pas les rois *et encore moins les empereurs.* » Il acheva ce dernier mot dans un rire sardonique dont, mieux que personne, je pouvais sentir toute la portée en me souvenant de certaines apostrophes virulentes de son poëme.

M'adressant alors à tous : — Vous connaissez donc, leur dis-je, le comte de Chambord pour avoir conçu de tels sentiments à son égard ; sans doute que vous l'aurez vu quand il visitait naguère l'Orient ?

Ils me répondirent tous à la fois avec une impétuosité qui dénotait l'enthousiasme, et ils s'exprimaient avec des accents si mêlés que, ne pouvant rien saisir de cette confusion des langues, je les interrompis en les priant de vouloir bien nous donner, chacun tour à tour, son impression personnelle et celle de sa propre nation sur notre prince à l'occasion de sa visite dans leurs pays respectifs.

Ma proposition acceptée, il y eut alors entre le Turc, le Maronite et les Hellènes un assaut de politesse pour céder le tour de parole ; mais je les mis bientôt d'accord en faisant remarquer que le Turc devait naturellement parler le premier pour se conformer à l'ordre de l'itinéraire, puisque la première visite avait été pour la capitale de la Turquie ; que le Maronite parlerait après, la Syrie ayant reçu la seconde ; enfin que les Hellènes nous feraient connaître, en troisième lieu, tout ce qui concernait la visite à leur pays, troisième étape du périple de l'illustre voyageur.

Ma raison était péremptoire et le capitaine

Reschid-Bey (c'est ainsi que se nommait le Turc),
n'y contredisant pas plus que les autres, s'exécuta
sans façons.

II

LES TURCS LÉGITIMISTES

Je n'éprouve aucune peine, nous dit-il, à bien
parler de l'héritier légitime de France. En le
faisant, je me conforme aux sentiments de ma
nation qui, plus que toutes les autres, place très
haut l'idée de la légitimité en matière politique.
En effet, chez nous les révolutions, d'ailleurs cir-
conscrites dans les limites du sérail, n'ont jamais
porté atteinte à ce principe considéré à l'égal
d'un dogme religieux. Notre padiska ou sultan est, comme il l'a toujours été, l'héritier di-
rect du prophète. Le jour où nous verrions un
autre Musulman, fût-il bien réellement Osmanlis
de race, s'établir en maître à la Sublime-Porte, ce
jour là, il n'y aurait plus de Turquie pour nous
et nous considérerions l'Egire du prophète comme
achevée.
Nous pouvons perdre Constantinople, être chassés de l'Europe et repasser la mer, cela est même
écrit et cela arrivera ; mais tant que nous aurons
à notre tête le vrai padiska, le légitime possesseur
du croissant et du cimeterre, nous ne désespérerons

pas de reconquérir ce que nous aurons perdu, et la Turquie portera encore en soi la force de renaître et elle renaîtra de ses ruines.

Si la politique et la nécessité des circonstances ont pu faire contracter à la Sublime-Porte des traités avec vos divers gouvernements, il ne s'ensuit pas que notre opinion sur la nature des pouvoirs ait fléchi en quoi que ce soit, et que nous ayons pu nous méprendre sur les fausses légitimités qu'on s'est efforcé chez vous de substituer à la véritable. Je n'ai pas besoin de vous dire combien le premier Bonaparte fut exécré en Turquie, et ce n'est pas seulement parce qu'il nous faisait la guerre, mais parce qu'il la faisait déloyale et qu'il était usurpateur. Son neveu a fait au contraire la guerre pour nous, mais il n'a pas nos sympathies, et il n'est pas un Osmanlis de race qui ne voie en lui autre chose qu'un misérable aventurier devenu tyran d'un grand peuple.

L'ancienne monarchie française fut notre ennemie par religion, mais c'est sur les champs de bataille que nous apprîmes à l'apprécier et à la connaître. Quand la politique nous rapprocha, sa loyale parole fut pour nous une loi. Jamais nous ne violâmes les *Capitulations* sous vos rois ; aujourd'hui nous les respectons moins, parce que votre gouvernement ne les respecte pas lui-même. Il y a des Français qui se font *latins* (Européens sujets de la Porte), préférant la liberté dont nous les dotons à l'équivoque protection de leur ambassade. Nous ne disons pas tout haut ce que nous pensons du règne déshonorant que vous subissez, mais nous n'en pensons pas moins. Vos millions, épargnes de vos travailleurs, qui alimentent nos emprunts, servent plus à notre corruption qu'à notre prospérité, et ils ne sont pas tous dévorés par nos vampires, ils leur arrivent plus qu'à moitié rongés par les vôtres qui, dans cette scandaleuse ripaille, se font toujours la plus belle part. Nous savons tout cela, aussi savons-nous distinguer vos rois chevaleresques des aventuriers qui s'abritent sous leur couronne pour ruiner leur nation et l'avilir aux yeux de l'étranger.

Si l'empereur Napoléon venait à Constantinople, on lui ferait une réception officielle conforme au rang que le hasard des circonstances lui a donné, mais il n'y rencontrerait pas les témoignages de respect et de sympathie profonde que le digne héritier des rois de France y a rencontrés, malgré son infortune et son exil.

L'incognito qu'il avait voulu garder n'empêcha pas la nouvelle de son arrivée de se répandre bientôt dans tous les quartiers de la ville et de pénétrer dans Stamboul où l'on ne s'occupe pas d'ordinaire des étrangers de Péra. Les habitants de Stamboul, tous Musulmans, ne regardent guère qu'avec indifférence les Européens de passage qui viennent dans leurs quartiers visiter les débris, et plus encore l'emplacement où s'élevait jadis l'opulente capitale des Constantins, mais ils n'en agirent pas 'ainsi pour ce prince qu'ils savaient être descendant du vertueux roi mort en

Tunisie, et ils accoururent en foule pour le voir, quand il se rendait à la mosquée qui fut autrefois Sainte-Sophie.

Le grand vizir, devançant toute demande, avait fait prévenir l'ambassade d'Autriche que toutes les dispositions étaient prises pour que l'hôte illustre qu'elle attendait reçût de tous les fonctionnaires un accueil exceptionnel partout où il aurait besoin de leurs renseignements ou de leurs services. Beaucoup de Turcs en dignité se firent un honneur de pouvoir être présentés au prince, et je fus assez heureux moi-même pour avoir part à cet honneur. Plusieurs négociants grecs de Galata imitèrent notre exemple, et les Arméniens, les Bulgares ainsi que tous les orientaux des autres nations en firent autant.

Il va sans dire que la colonie française, du moins l'élite de la colonie, ne resta pas en arrière et entoura bientôt le prince exilé comme d'une véritable cour. Mais, ce qui peut-être va bien vous surprendre, et ce que je puis vous garantir comme certain, c'est que des fonctionnaires du gouvernement français ne se privèrent pas de s'associer en personne aux hommages de leurs nationaux. M. de Thouvenel ne l'ignora pas sans doute. Blâma-t-il? approuva-t-il? encouragea-t-il? je ne sais; mais ce que je sais, c'est que la conduite de ces fonctionnaires n'entraîna pas leur destitution.

Je me suis expliqué cette tolérance en pensant qu'il serait peut-être bien difficile à l'empereur Napoléon de se faire convenablement représenter à l'étranger s'il excluait les légitimistes qui veulent bien se prêter à porter ses couleurs. Les hommes à lui, ceux du moins qui passent pour tels, car les aventuriers triomphants n'ont jamais d'amis véritables, ont donné dans ces derniers temps d'assez tristes spectacles dans nos contrées pour qu'il ne soit pas tenté de nous en envoyer de nouveaux, et pour qu'il osât surtout faire remplacer des fonctionnaires qui du moins portent noblement le nom français.

Ce ne fut pas sans quelque étonnement que nous vîmes certains établissements religieux du rite latin se montrer moins indépendants que les fonctionnaires. Le prince s'était présenté dans l'un de ces établissements pour le visiter. Le supérieur qui ne s'y attendait pas, l'accueillit avec embarras, évitant de le mettre en communication avec les autres Pères qui brûlaient pourtant de le voir, et se plaignirent que leur supérieur ne leur en eût pas facilité le moyen et y eût même mis obstacle. C'est par leurs plaintes que j'ai connu le fait. Je ne saurais le garantir autrement, mais je le crois exact, connaissant la bonne harmonie qui existe entre les missionnaires et l'ambassade de France. Je ne doute pas que cette bonne harmonie n'ait été plus nuisible qu'utile au progrès du catholicisme en Orient.

L'ambassade de France, depuis l'empire, s'est toujours bornée en Orient à la protection des établissements du rite latin, mais elle est demeurée indifférente au progrès du catholicisme, et a obstinément tourné le dos à la question bulgare où elle eût trouvé pourtant tout profit à s'engager. Le gouvernement de la Sublime-Porte n'eût pas mieux demandé que de la voir prendre parti dans cette question. La Porte aurait tout intérêt à ce que la Bulgarie tout entière pût passer au catholicisme, parce que ce serait le meilleur moyen pour qu'elle échappât à la Russie. La Bulgarie tend à se soustraire à l'autorité de l'Eglise grecque; l'enquête de Kuprisli-Pacha l'a récemment prouvé; elle fera tous ses efforts, pour secouer ce joug , et c'est dans ce but qu'elle a ouvert la porte au catholicisme, et qu'on a vu en quelques semaines s'y produire spontanément un si grand nombre de conversions à ce rite dans les districts d'Andrinople, de Monastir et d'Ocrida ; mais, par les intrigues du patriarche grec et par le mauvais vouloir de l'ambassade française, ce mouvement s'est bientôt trouvé enrayé et refoulé.

Les pachas gouverneurs qui avaient l'administration de ces divers districts, ont mieux servi les Grecs que la Porte ; ils ont employé jusqu'à la persécution pour faire rentrer ces dissidents dans le giron du patriarcat orthodoxe.

Les Bulgares empêchés d'aller au catholicisme n'en demeureront pas mieux sous la domination des Grecs orthodoxes , ils tendront à constituer une Eglise séparée que la Russie attirera facilement vers elle. Ce sera son premier acte dans le démembrement de l'empire ottoman.

En faisant la Bulgarie catholique, la France eût

beaucoup mieux garanti l'*intégrité* de l'empire ottoman et son influence en Orient que par la guerre de Crimée et le traité de Paris qui s'en est suivi. Cette guerre a coûté beaucoup d'hommes et beaucoup d'argent sans donner aucune conquête effective, et le traité qui s'en est suivi a infirmé les *capitulations* en voulant généraliser les priviléges jusque-là réservés aux Français et à leurs coreligionnaires.

Des Turcs indignes de ce nom, et que le peuple appelle chez nous des giaours ou rénégats, ont pu favoriser une telle politique et la faire prévaloir, mais en agissant ainsi ils ont aussi bien préparé la ruine de leur nation que l'empire du second Bonaparte prépare celle de la vôtre.

Je n'ai besoin de rien ajouter pour que vous compreniez comment nous traitons en Turquie avec plus de respect les légitimes héritiers des rois de France que les usurpateurs de leur trône.

Quoiqu'évitant tout appareil princier, l'illustre voyageur emmenait pourtant à sa suite une vingtaine de personnes de distinction, parmi lesquelles tout le monde a remarqué le duc de Lévi, non seulement parce qu'on le voyait plus souvent près du prince, mais parce que l'affabilité de ses manières et son caractère sympathique le signalaient plus particulièrement à l'attention.

Arrivé le 20 septembre à Constantinople, le comte de Chambord en repartit trois ou quatre jours après par un paquebot de la Cie de Lyold à destination de Beyrouth. C'était le temps de l'équi-

2

une commune admiration pour son descendant les uns et les autres. Cette même admiration se manifesta bien clairement quand, sans distinction de croyance, tous demandaient également au prince à lui faire escorte jusqu'à Jérusalem.

Le prince se défendit vivement d'un pareil honneur qu'il pensait devoir porter ombrage aux agents du gouvernement de Napoléon ; mais ses efforts pour l'éviter ne lui réussirent qu'en partie, et quand il se mit en route pour Jérusalem il ne put empêcher qu'un très grand nombre de cavaliers arabes ne l'entourassent et ne le suivissent jusqu'au bout de son pèlerinage.

A Jérusalem (je peux vous le dire pour l'avoir vu) la contrainte gardée encore à Beyrouth par les agents des diverses nations et par les fonctionnaires de la Porte, disparut tout à fait; nul ne s'inquiéta de résister à l'entraînement des populations et chacun accueillit le prince exilé comme il eût fait d'un prince régnant. Si des fonctionnaires français à Constantinople allèrent le visiter, à Jérusalem le consulat de France fut pavoisé comme aux jours de fête et de grande réception. Je n'ai pas appris, non plus que Reschid-Bey pour les fonctionnaires de Constantinople, que le consul de Jérusalem ait été révoqué. Le gouvernement de Napoléon a bien fait de ne pas apercevoir cette infidélité à distance. En la punissant, il n'aurait fait qu'augmenter l'animadversion qu'il nous inspire déjà.

Il est vrai que s'il n'a pas puni ses fonctionnaires,

c'est qu'il se réserve sans doute de nous punir nous-mêmes à la première occasion, et qu'il nous prépare quelque guet-à-pens comme il sait en concevoir. Nous attendons tous les maux de ce gouvernement perfide et menteur, et nous n'avons d'espoir qu'en Dieu et en notre bras. Si Dieu permet que nous subissions de nouvelles épreuves, nous les subirons avec le courage et la résignation que nous montrâmes dans tous les temps. Seulement ce que nous redoutons plus que les luttes ouvertes et les sanglants combats où périssent nos guerriers, ce sont les fausses protections qui trompent la crédulité des simples, et portent la division et les défaillances parmi ceux qui avaient toujours vécu unis et forts.

Nous pouvons croire à la parole d'un infidèle qui veut vivre en paix avec nous et qui garde sa croyance comme nous gardons notre foi ; mais celui qui se dit des nôtres et reçoit les dons des infidèles, ne doit nous inspirer que défiance et répulsion. La politique de Napoléon est à nos yeux infâme et perfide, parce qu'elle veut nous éloigner de nos chefs naturels et légitimes pour nous faire suivre ces hommes douteux qui se disent à nous et qui sont contre nous. Les intrigues de l'empereur des Français ont depuis longtemps enveloppé Rome et il a commencé de tromper le Souverain-Pontife pour mieux nous tromper.

Je prévois pour les chrétiens de Syrie des jours néfastes et des persécutions cruelles tant que le trône de France sera le marche-pied de l'impos-

brante fibre de leur cœur. Le spectacle de la puissance qui charme les opulents et les oisifs des villes ne saurait les toucher, mais le malheur noblement supporté excite leurs sympathies et fait éclater leur enthousiasme. Ces pauvres paysans, ces humbles femmes, ces héroïques palicares blanchis par l'âge, et redevenus laboureurs et bergers depuis que la patrie ne réclamait plus leurs bras ; toutes ces familles agrestes n'auraient point déserté leurs campagnes pour venir augmenter l'allégresse factice d'une fête en l'honneur d'un monarque étranger ; mais elles accouraient avec empressement témoigner à un prince exilé qu'elles n'avaient pas oublié que c'était à son grand-père qu'elles devaient l'indépendance de leur patrie. Tous ces Grecs, dans leur ignorance, savaient, aussi bien que le plus lettré d'entre nous, que, sans la bataille de Navarin et l'expédition de Morée, la mort aurait depuis quarante ans étendu son linceul sur la Grèce et sur ses enfants.

Aussi à l'aspect du prince, une immense acclamation longtemps répétée s'échappa de toutes ces poitrines :

— Salut au fils de Charles X ! s'écriaient-ils. — Honneur au noble exilé ! — Béni soit le royal voyageur ! — Vive Henri V !...

Telles étaient à peu près les expressions qui témoignaient de leurs sentiments et qui retentissaient aux oreilles du prince comme un hymne d'amour et de reconnaissance. Peu familiarisé sans doute avec notre langue vulgaire, le prince ne devait pas comprendre, mais il devait deviner à l'accent que le cœur entier de la Grèce s'exhalait vers lui.

Plusieurs, et même un grand nombre, eurent le bonheur de l'approcher et de recevoir de sa bouche quelques-uns de ces mots qu'on aime à retenir et à redire. Pour moi, simple enfant d'un humble habitant de la ville, je n'aurais osé me mêler à eux, bien que ma connaissance du français, plus complète que chez la plupart, eût pu rendre ma présence opportune; mais ma modestie l'emporta sur mon désir, et je me tins à l'écart, me bornant à recueillir tout ce que je pus. Peut-être y aurait-il indiscrétion à nommer des personnes et à reproduire les choses qui leur furent dites particulièrement. Ce n'est pas qu'il puisse y avoir rien à taire et à cacher dans la conversation si franche et si loyale du prince; mais la franchise et l'honnêteté n'importent pas aux méchants, et n'empêcheraient pas certains agents du gouvernement insidieux qui vous opprime de faire expier l'honneur de quelques instants de conversation à ceux d'entre nous qui en furent favorisés. Je me bornerai donc à vous faire connaître, en général, les sentiments et les idées du prince sur l'Orient et la Grèce.

Sur le trône de ses ancêtres, Henri V couvrirait de sa protection tous les chrétiens d'Orient, sans distinction de rite. Bien que catholique fervent, et très désireux de mériter le nom de fils aîné de l'Eglise attaché à la couronne de France, il pense néanmoins qu'il serait injuste de préférer des hé-

la politique de la France n'eût pas détruit , après
la chute de Charles X, les germes féconds que ce
grand Pape avait semés en Orient. Jamais la réconciliation des Eglises ne se fera sans la participation de la France. Mais le jour où la France reprendra sa politique traditionnelle en Orient , la
réconciliation sera plus qu'à moitié faite, parce que
les chrétiens d'Orient n'auront plus aucun motif
de s'isoler de l'Europe et auront tout intérêt à se
rapprocher de la France , et à cimenter avec elle
une alliance dont rien ne saurait mieux assurer la
durée que la communauté de foi.

Alors, l'équilibre européen qu'on cherche à
refaire sans cesse , et qui est toujours aussi lent ,
deviendrait stable et définitif parce que la Russie,
qu'on craint avec raison, aurait reçu sa délimita-
tion orientale et comme son endiguement.

L'on a beau faire, l'Hellénisme seul est capable
de fixer cette limite, mais il ne le pourra qu'à la
condition de s'appuyer sur la France et d'en recevoir une nouvelle force d'expansion au lieu de la
compression qu'elle en reçoit.

V

LE COMTE DE CHAMBORD JUGÉ PAR UN RÉPUBLICAIN (1)

Le Corinthien allait continuer, quand il fut
tout à coup interrompu par un coup de sonnette,

(1) Je crois devoir prévenir le lecteur que tout ce
que je rapporte de Charles Didier m'a été positive-

à la porte de mon appartement. La soirée était déjà avancée et je n'attendais pas de visite à cette heure tardive, si ce n'est celle d'un habitué de nos réunions. C'en était un, en effet, très connu et aimé de nos orientaux ; c'était Charles Didier, l'auteur de *Rome souterraine*, du *Séjour chez le grand Shérif de la Mekke*, des *Nuits du Caire*, etc.

Ces dernières publications toutes récentes avaient popularisé le nom de Charles Didier chez les lettrés de l'Orient, et rendaient par conséquent sa présence spécialement agréable à notre réunion.

Après les témoignages de sympathie exprimés par chacun au voyageur orientaliste, quand l'objet de la conversation, que son arrivée avait interrompue, lui fût connu, il exprima le regret de n'y avoir pas assisté, et demanda qu'elle fût reprise. Je m'associai à son désir avec d'autant plus

ment dit par lui-même, et répété en plusieurs circonstances en tête à tête ou devant des amis qui pourraient en témoigner. Au reste, ayant découvert récemment un exemplaire de sa brochure entre les mains de M. Massol qui l'a obligeamment mise à ma disposition, j'en ai intercalé dans mon récit les passages essentiels en les reproduisant textuellement. Ceux qui auront lu la brochure de Charles Didier pourront aisément les y reconnaître et voudront bien ne pas m'accuser de plagiat. Mon but n'a pas été, dans ce récit dialogué, de faire une œuvre d'imagination, mais d'écrire une page d'histoire. Je garantis donc, autant que puisse me le permettre ma mémoire, la rigoureuse fidélité de ma reproduction. Tout ce que j'ai consigné dans ce récit, je l'ai entendu et j'ai lieu de le croire vrai.

C'est le *profanum vulgus* dont parlait Horace, c'est la vache à lait des aventuriers à bonne fortune qui parviennent à piper le pouvoir pour quelques jours ou pour quelques années.

» Le républicain comme je l'entends n'est rien de tout cela, aussi son espèce devient-elle chaque jour plus rare et je crains bien que la France, en fait de république, ne connaisse jamais que des tyrannies qui la déchireront et l'amoindriront et finiront par l'anéantir.

» J'avais besoin de vous faire cette profession de foi pour éloigner de vos esprits tout soupçon d'enthousiasme ou de parti pris à l'égard de mes jugements sur la personne du comte de Chambord. Je le répète, je suis républicain ; la république a été le rêve d'or de ma jeunesse, et je le poursuis encore sous mes cheveux blancs, quoique déçu de tout espoir de le voir se réaliser de mon vivant.

» Quand j'eus l'honneur d'être reçu par le comte de Chambord, je ne lui dissimulai pas la fermeté de mes convictions, je ne me présentai pas comme un adversaire qui vient transiger et se soumettre. Vous pourrez alors vous demander peut-être ce que j'allais faire chez lui ?

» Voyageur et observateur par habitude, ayant voué ma vie à étudier les hommes dans la variété de leurs mœurs et de leur condition, j'étais curieux de savoir si l'héritier des rois de France méritait plus les éloges de ses amis que le blâme de ses ennemis. Mes idées républicaines ne m'ont jamais aveuglé au point de m'ôter le respect et

personne un de ces furieux démocrates qui met-
tent, comme on dit trivialement, *les pieds dans les
plats*, et supposait-il que je venais lui rompre en
visière brutalement. De là sa réserve dans les premiers moments. Il est certain qu'il était sur la
défensive, et qu'il voulait me voir venir. Sa physionomie interrogatrice et un peu tendue expri-
mait, j'y lus du moins, tout ce que je viens de
dire.

» Après les phrases banales, préambule obligé de
toute première visite, surtout d'une visite comme
celle-là, on s'assit. La conversation s'engagea.

» J'allai droit au but, et voici textuellement,
autant que ma mémoire me le rappelle, la première phrase sérieuse que je lui adressai : —
« Monseigneur, lui dis-je, j'ignore, et Dieu seul
» peut savoir quelles destinées vous sont réservées
» dans l'avenir ; mais si vous avez une chance de
» régner quelque jour en France, ce que pour
» mon compte je ne désire pas, cette chance la
» voici : *Que par impossible la France, épuisée par
» ses expériences et à bout de ses ressources, ne trouve
» pas dans le pouvoir électif la stabilité qu'elle pour-
» suit ; que le découragement, les mécomptes retour-
» nent jamais ses pensées vers le principe héréditaire,
» comme base plus fixe de l'autorité, vous représentez
» ce principe et, dans ce cas, c'est la France elle-
» même qui viendrait vous chercher. Jusque-là je ne
» vois pour vous qu'une chose à faire : Attendre les
» événements.* »

Le prince m'avait écouté avec attention. A me-

sure que je parlais, sa physionomie se détendait
visiblement, la glace du début était brisée. Il me
répondit sans hésitation que je venais de traduire
sa pensée ; qu'il n'entreprendrait jamais rien contre es pouvoirs établis, ne voulait prendre aucune
initiative et n'avait aucune ambition personnelle ;
qu'il se considérait en effet comme le principe de
l'ordre et de la stabilité ; qu'il entendait mainte-
nir ce principe intact, ne fut-ce que pour le repos
futur de la France ; que ce principe était toute sa
force ; qu'il n'en avait pas d'autre ; qu'il en aurait
toujours assez pour remplir son devoir quel qu'il
fût, et que Dieu d'ailleurs lui viendrait en aide.

— « Si je rentre jamais en France, ajouta-t-il,
ce ne sera que pour y faire de la conciliation, et
je crois que moi seul peux en faire.

» C'est Dieu qui sonde les cœurs et les reins ;
c'est donc à lui qu'appartient le secret des con-
sciences. Cependant je crois pouvoir prendre sur
moi d'affirmer que les paroles du prince étaient
sincères. Le ton pénétré dont il les prononça, l'ou-
verture de sa physionomie pendant qu'il parlait,
ne laissaient aucun doute à cet égard et empor-
taient la conviction. Tout en lui décèle une grande
droiture de cœur et d'esprit, un vif sentiment du
devoir et de la justice, uni à l'amour du bien. Il
me parut, comme M. de Lévis, au courant de nos
affaires, quoique extrêmement réservé sur les
hommes ; soit discrétion, soit prudence, il ne for-
mula de jugement sur aucun, et demeura, quant
aux choses courantes, sur le terrain des généra-

lités, tellement qu'à cet égard aucune de ses paroles, aucune même de ses opinions ne m'est restée dans la mémoire ; la profession de foi par laquelle il avait ouvert l'entretien s'y est gravée au contraire mot à mot. Il est vrai qu'elle était le nœud et comme le pivot du discours, c'était pour moi le principal, le reste n'était qu'accessoire.

» Il y aurait à moi une sotte présomption à m'imaginer que j'aie en une heure conquis sa confiance et pénétré son secret. Je suis loin d'avoir une prétention si ridicule. Qu'étais-je pour lui ? Un inconnu, un curieux. Il ne me dit évidemment que ce qu'il voulait me dire, n'alla que jusqu'où il voulait aller, et me fit parler plus qu'il ne parla lui-même. J'aurais désiré que ce fût le contraire, mais je n'étais pas le maître de la conversation. Si par moment je me taisais pour lui laisser prendre l'initiative, il la prenait rarement et se taisait à son tour. Il y avait alors des silences qu'il fallait bien rompre sous peine de voir tomber l'entretien.

» Monsieur le comte de Chambord a l'esprit ouvert aux questions du jour, les étudie toutes et n'est point étranger aux théories industrielles. Pendant son séjour en Angleterre, il est peu de manufactures importantes qu'il n'ait visitées, et visitées avec soin. Sa réserve, qui est excessive et constitue l'un des traits saillants de son caractère, lui fait évidemment tort, en ce sens qu'il a plus d'intelligence qu'il n'en laisse paraître. C'est le contraire chez la plupart des hommes.

» Deux questions le préoccupaient plus que toutes les autres : l'organisation administrative de la France par l'extension des franchises municipales, et le problème social des travailleurs. Il est en cela dans la vérité, surtout sur ce dernier point. Tout gouvernement qui ne s'attaquera pas à la solution de ce problème et qui ne viendra pas à bout, est condamné d'avance. Louis-Philippe n'avait compris dans la révolution de Juillet que les ardeurs ambitieuses de ses chefs et la sotte gloriole des boutiquiers enrichis qui voulaient du galon, et n'avaient pas vu au fond les masses populaires qui demandaient toute autre chose que les ambitieux et les fanfarons. Quand il fut consolidé sur son trône conquis par ces masses, au lieu de chercher à se les rendre favorables en améliorant leur condition, il ne chercha qu'à les dominer par la force.

Avec plus de prévoyance de la part de Louis-Philippe, sa monarchie aurait pu devenir en effet, sauf le vice de son principe, la meilleure des républiques, comme le promettait Lafayette, parce que pour réaliser la solution du grand problème qui menace tout gouvernement l'autorité est nécessaire, et que la stabilité du pouvoir monarchique est plus favorable au maintien de l'autorité que les fluctuations inévitables d'un gouvernement républicain.

« Toutefois une monarchie contestée dans son principe ne peut guère soutenir son autorité que par la violence et n'est pas très apte à soulever des problèmes qui contiennent en eux tant d'éléments incandescents et tempétueux. La monarchie légitime, reconstituée naturellement et par le seul vœu de la nation pourrait toute chose, et il m'a semblé que le comte de Chambord en avait le sentiment. Aussi est-il très éloigné des aventures qui compromettraient l'intégrité du principe dont il est le digne représentant, et s'opposerait-il toujours aux complots qui pourraient susciter la guerre civile. Il ne voudrait pas, et il l'a dit en mainte occasion, qu'une seule goutte de sang français fût versée pour lui.

» Il eut fait, j'en suis convaincu, un excellent monarque constitutionnel. La nature de son esprit, son caractère même, étaient appropriés à cette forme de gouvernement, et son éducation a été dirigée dans ce sens. L'esprit de parti le représente comme un absolutiste, et c'est comme tel qu'il apparaît à la foule du fond de son exil ; la vérité est qu'il n'y a peut-être pas dans toute l'Europe un constitutionnel plus sincère que lui. Bien plus, sauf quelques idées modernes qui ont déteint sur lui dans ces derniers temps, et qu'il travaille à s'assimiler, c'est presque un libéral de la Restauration. Je me hâte d'ajouter que c'est un libéral religieux, sans pourtant que sa dévotion dégénère comme on l'avait dit en bigotisme. Il n'est pas douteux que son aïeul Charles X et que Louis XVIII lui même ne fussent très opposés à ses doctrines et à sa manière de concevoir la monarchie.

» L'aïeul, pour ne citer qu'un exemple, tenait aux formes, à l'étiquette, ce culte de la personne royale qui a toujours joué dans la maison de Bourbon un rôle considérable ; le petit-fils, lui, n'y tient guère, fait bon marché de ces pompeuses inanités, et va si loin à cet égard, que si jamais il remontait sur le trône, *il n'aurait pas même de cour, son parti est pris là-dessus.*

» Sa vie est loin d'être oisive : il lit avant et après déjeuner beaucoup de lettres, beaucoup de journaux, des rapports souvent volumineux sur les diverses questions qui sont à l'ordre du jour en France ; puis il donne à la promenade quelques heures de l'après midi. Il observe scrupuleusement ses devoirs religieux, entend la messe deux ou trois fois par semaine dans la chapelle du château et tous les dimanches à la paroisse. Il écrit avec beaucoup de grâce, et ses lettres sont remarquables par la justesse et l'élégance.

» Quant à sa personne, il est de taille moyenne et incline à l'embonpoint, mais il est loin de l'obésité dont on le croit généralement, et dont moi-même je le croyais affligé. Quoique un peu pleine et marquée du cachet bourbonnien, sa figure est très agréable, franche, ouverte et sympathique. Son œil d'un bleu limpide, et à la fois vif et doux, écoute bien, interroge beaucoup ; il regarde si droit et si fixe, que je considère comme impossible de lui mentir en face. Quant à lui, il suffit de le voir pour être convaincu de sa véracité.

« La visite terminée, il se leva le premier à la

manière des princes, et me congédia en me char-
geant de ses compliments pour M. de Freissinet,
mon introducteur à Frhosdorff.

» Monsieur le duc de Lévis m'invita de la part
du prince à rester jusqu'au lendemain et à cou-
cher au château ; mais mon itinéraire était tracé
et m'obligeait à partir le soir ; je ne pus consentir
qu'à rester à dîner, ce qui me fournit l'occasion de
voir le prince en compagnie. Je n'en dirai rien si
ce n'est qu'il fait noblement et gracieusement les
honneurs de la maison.

» J'avais noté dans ma brochure quelques
observations qu'il est inutile de vous répéter ici ;
c'est dans l'entrevue particulière que j'avais recueilli
les meilleures sur son caractère et sur ses idées.
Ce que je vous en ai dit vous donne le fond de ma
brochure dans ce qu'elle contient d'essentiel. »

VI

PROPHÉTIES ORIENTALES SUR L'HÉRITIER DE FRANCE

Le Corinthien reprit alors la parole par ces
mots :

— « J'ai entendu dire qu'en France vous aviez
des prophéties et des horoscopes qui annonçaient
le retour de vos rois ; nous en avons aussi en
Orient et c'est de leur retour que nos prophéties
font dépendre notre complète délivrance ; ce qu'il

y a d'assez singulier, c'est que ces prophéties ne viennent pas seulement des Grecs ou des autres populations chrétiennes intéressées à la plus prochaine réalisation de l'événement ; elles ne sont pas simplement le produit des inspirations contemplatives de nos moines de l'*Athos* ou des *Météores,* elles sont aussi bien accréditées chez les musulmans que chez les chrétiens, et les derviches les ont aussi bien propagées que nos moines. Vous ne serez peut-être pas fâché d'apprendre ce que j'ai entendu raconter à cet égard par un vieux *papa* du Pinde qui s'était rendu à Corinthe comme plusieurs autres habitants de sa montagne pour prendre part à la manifestation du Panhellénium en l'honneur de l'héritier de France.

» C'était vers le soir, à la nuit tombante, la foule commençait à se disperser dans la campagne et j'étais moi-même sorti de la ville, marchant au hasard et curieux d'entendre ce qui se disait çà et là, lorsque j'aperçus dans un groupe, assis en rond sur la déclivité du promontoire, à proximité de la mer, un médecin Épirote qui avait été à Paris mon condisciple près la Faculté et que je n'avais pas revu depuis. Il m'avait reconnu de son côté, aussitôt que mes regards s'étaient portés sur lui, et il s'élança vers moi et m'entraîna dans le groupe où ses parents se trouvaient et m'accueillirent comme le bienvenu, en m'invitant à partager avec eux le repas qu'ils allaient prendre. Sans me faire prier, je m'assis sur le sol comme les autres. On ne fait pas de cérémonies pour cela dans mon pays, et l'hospitalité se donne ou s'accepte aussi facilement. Un vieillard, d'un âge très avancé et à grande barbe blanche, présidait à cette réunion de parents et d'amis comme chef de famille et comme le plus respecté ; c'était le père de mon ancien camarade. Il était prêtre séculier, ce qu'on nomme *papa* en Grèce. Ces prêtres-là sont mariés ; et comme les pauvres paroisses qu'ils desservent ne leur donnent pas le plus souvent de quoi vivre, ils exercent en même temps quelque profession laïque. Ils prennent du reste les armes comme les autres quand le clairon de l'indépendance retentit dans nos montagnes.

» Cette participation incessante à la vie commune, ce contact familier avec leurs concitoyens, n'empêche pas leur ascendant sur les âmes et ne les prive pas du respect qui s'attache à leur caractère sacerdotal. Aussi leurs paroles sont-elles toujours religieusement recueillies, et exercent-elles en toute circonstance une réelle influence sur les esprits.

» Quand j'arrivai dans le groupe, l'attention de tous était vivement fixée sur un récit que faisait le vénérable *papa*. L'on m'apprit qu'il parlait du prince, et qu'il expliquait à son sujet des prophéties orientales sur le triomphe prochain du christianisme en Orient par la main de la France.

— « Je serais d'autant plus curieux, lui dis-je, vénérable père, d'apprendre de votre bouche ce que des hommes inspirés ont pu prophétiser sur la délivrance finale de l'Orient, que, d'après la po-

litique actuelle des puissances prétendues protec-
trices, il y aurait lieu de penser que cette délivrance ne pourra s'accomplir désormais que dans
un avenir très lointain. »

— » L'avenir, cher fils, me répondit-il, est dans
les mains de Dieu, et Dieu qui est le maître de
l'avenir, est aussi le maître du temps car il est
éternel ! Les jours, les années et les siècles sont à
ses pieds, et ne sont rien pour lui, car les siècles
deviennent jours, et les jours deviennent siècles
selon sa volonté. Ce que les souverains de la terre
font et qu'il semble permettre, il le défait plus
vite quand il le veut qu'ils n'ont mis de temps à
l'édifier. Les desseins providentiels sont mysté-
rieux et profonds comme la pensée divine ; ils se
révèlent quand l'heure est venue, mais aucun œil
humain ne saurait les pénétrer avant cette heure
prédestinée. Il arrive seulement que dans notre
nuit profonde quelqu'éclair divin sillonne par moment nos ténèbres pour nous rappeler que le regard du Tout-Puissant veille toujours sur nous,
et pour ramener dans nos cœurs abattus l'espoir qui donne la force et le courage. Ces émana-
tions de la lumière céleste sont les prophéties
des voyants. Les prophéties éclairent le but, mais
elles ne découvrent pas la route. C'est ainsi que
les politiques forgent à grand'peine des conven-
tions et des traités qu'ils croient de fer et d'acier,
et qui n'ont pas même la solidité d'une toile d'a-
raignée. C'est quand ils croient avoir assuré à per-
pétuité la durée des empires qu'une maille rompt

au premier souffle et que tout leur ouvrage est emporté. C'est alors que les portes des prisons s'ouvrent toutes seules et que les fers des prisonniers se brisent d'eux-mêmes, comme ceux de l'apôtre des nations ; c'est alors que les pierres des tombeaux se soulèvent pour faire place aux morts ressuscités, et que les déshérités retrouvent la patrie et tous les biens perdus.

» Non, ce n'est pas plus le traité de Paris que la coalition d'une diplomatie hostile qui pourrait arrêter l'exécution des décrets de Dieu quand le moment sera venu, et ce moment est proche !

» L'usurpateur triomphant peut encore fouler comme de la poussière les corps de ses esclaves sous les roues de son char superbe, mais il ne peut pas écarter le caillou fatal qui le fera verser. Où est ce caillou ? Nul, hormis Dieu, ne le sait ; mais il a été permis aux voyants de savoir qu'il est sur la route, et qu'il attend au passage le méchant comme le piége attend le loup.

« Je n'ai pas entendu moi-même le voyant, je ne sais pas quand et dans quel lieu il a parlé, mais l'écho de sa parole est plusieurs fois arrivé jusqu'à moi, et il y a plus de deux siècles qu'elle a retenti chez toutes les nations de l'Orient, libres ou assujetties.

A l'époque de la lutte de notre glorieuse indépendance, pendant les longues nuits de bivouac dans les rochers de ma montagne, j'ai souvent entendu nos guerriers raconter une ancienne prédiction qui promettait aux fils de l'Hellade l'expul-

sion des fils de Mahomet par les monarques de France. La prédiction disait : « que ce serait dans
» le vieux tronc royal la branche la plus magni-
» fique par laquelle s'accomplirait ce grand événe-
» ment ; que le drapeau de la paix flotterait sur
» cette victoire et qu'on le confondrait avec les lys,
» emblème de l'antique race, parce qu'il en aurait
» la splendeur et la pureté ; que l'œuvre serait
» longue et interrompue, si bien que le découra-
» gement abattrait les cœurs les plus résolus ;
» que l'espoir renaîtrait pourtant, quand tout
» semblerait à jamais perdu, et que, parmi ces
» monarques de France ce serait encore un *neu-*
» *vième* qui terminerait les modernes croisades
» comme un neuvième avait terminé les an-
» ciennes. »

» Nous répétions alors ces choses sans savoir comment les interpréter, car la France ne sem-blait pas plus devoir prendre parti pour nous que les autres puissances, malgré l'ardent philhellé-nisme des Français et du prince même, qui fut plus tard Charles X, mais qui ne pouvait pas alors nous secourir efficacement et devait se borner à nous envoyer son aide de camp et ses amis pour combattre avec nous et partager nos misères et nos dangers.

» Plusieurs Turcs m'ont, dans plusieurs circons-tances, rapporté les mêmes prédictions, et c'est d'eux que je tiens que sous Henri IV le sultan envoya un ambassadeur à ce roi pour le prier de ne pas permettre que ses sujets prissent part à la guerre que l'Autriche faisait à la Turquie, et comme le roi s'étonnait de la préoccupation du sultan pour un si petit nombre de Français qui combattaient en volontaires dans l'armée autrichienne, l'ambassadeur avoua que l'inquiétude du sultan venait d'une prophétie très répandue en Orient, d'après laquelle les Turcs devaient être chassés de l'Europe par des Français.

» J'ai vu naguère à Janina un vieux Turc riche qui s'obstine à ne pas faire réparer sa maison qui tombe en ruines, parce qu'il s'attend à l'abandonner pour passer en Asie avec ceux de sa nation, quand les prédictions seront accomplies.

» Par suite de supputations cabalistiques, l'on avait cru pouvoir rapporter leur accomplissement à la date de 1860, mais d'autres supputations procédant de la même science la rapportent à 1874.

» La prophétie, en parlant de 1860 ne marque pas d'ailleurs cette date comme celle de la solution définitive ; elle dit qu'il se fera un grand frémissement en Orient et que les guerriers porteront la main à leur épée pour prendre part au grand combat.

» La diplomatie des puissances a déjoué en effet à cette date un grand mouvement qui se préparait en Orient, et dont le point de départ était l'Italie. Garibaldi devait débarquer en Albanie et rallier sur ce territoire tous les Grecs de bonne volonté pour marcher sur Constantinople.

» Son but n'était pas, je pense, la délivrance de l'Orient, c'était pour prendre à revers l'Autri-

che, en passant par la Bosnie, qu'il voulait pénétrer dans les provinces turques. Ce projet ne pouvait aboutir et il échoua avant même d'avoir eu
un commencement d'exécution.

» Je me trompe, il en eut un, car le pillage
-d'un banquier de Gênes devait fournir aux premiers frais de cette expédition ; l'expédition ne se
fit pas, mais la caisse demeura pillée.

» Il y avait eu en Grèce à cette époque un commencement de société gréco-slave sous l'action
d'agents secrets de l'Italie (1). Des membres du gouvernement hellénique avaient, prétendait-on, prêté
l'oreille à ce complot. La diplomatie, je l'ai dit, le
déjoua, mais une assez grande agitation se fit sentir
pendant un certain temps dans le royaume de
Grèce comme au dehors.

» Ces signes avant-coureurs se sont manifestés
en plusieurs circonstances, et ils se manifesteront
sans doute plusieurs fois avant la venue de *l'épée
libératrice*. L'Orient, asservi par les ennemis de la
croix, ne peut pas être sauvé par ceux qui foulent
aux pieds et outragent ce signe rédempteur.
L'épée libératrice sera celle que portaient les
croisés, et ce n'est que par le bras d'un roi de
France que cette invincible épée brisera nos fers.

» La prophétie mentionne une période de quatorze années, avant que *l'éclatant étendard* flotte
sur les *minarets abandonnés*, et couvre de son om-
bre protectrice nos mers et nos montagnes. Le

(1) Voir *Vingt ans d'exil*, par Marco Antonio.

point de cette période est fixé à l'époque où les diverses nations orientales du Septentrion et du Midi s'agiteront sous un souffle nouveau et poseront la main sur l'épée. C'est donc à partir de 1860 que se développe la période des quatorze années.

» Je vais à présent tâcher de vous faire comprendre le sens cabalistique des divers nombres simples ou composés : Ceux qui ont lu les *Ænéades de Plotin* savent que le nombre NEUF est regardé comme l'un des plus heureux dans les calculs cabalistiques. Ce nombre NEUF qui se trouve dans la dénomination de celui des rois de France qui fit la dernière croisade et dont le glorieux souvenir s'est perpétué en Orient, marque dans l'ordre de succession des rois de la maison de Bourbon, la place de l'héritier actuel. Si le comte de Chambord occupe le trône de ses pères, il sera le *neuvième* depuis Henri IV. Son nom étant Henri, il sera Henri V ; ce nombre, combiné avec celui qui désigne le premier roi de la branche des Bourbon Henri IV, donne le nombre *neuf* (5 + 4 = 9)

» On trouve encore dans le nombre des quatorze années, indiqué par la prophétie, la combinaison du 9 et du 5 (9 + 5 = 14.) Louis IX, Henri V.

» La prophétie appelle le monarque libérateur *présent de Dieu*. S'il est vrai que le noble prince porte aussi le nom de *Dieudonné*, cette dénomination, signalée par le voyant, est une nouvelle lumière. »

» Maintenant, ajouta le vieillard, si je consulte

les enseignements de l'histoire et les leçons de l'expérience, je crois que la France n'est pas plus faite pour le despotisme césarien qu'elle subit que pour la licence démagogique qui l'y a conduite. Tôt ou tard, elle doit retourner à la tradition monarchique ou périr par la domination étrangère et le démembrement. Il n'est pas possible qu'un semblable malheur arrive, parce que la France, qui tient dans sa main le flambeau de la civilisation, est aussi utile à la lumière du monde moderne que le génie hellénique le fut à celle du monde ancien. Oui, la France vivra, et son ancienne monarchie refleurira sur son vieux tronc ! La France vivra, et la croix rédemptrice resplendira d'un nouvel éclat, et le christianisme rajeuni renouvellera la face de la terre. Anathème aux impies ! Malheur aux pervers ! Confusion aux faux sages ! Gloire à Dieu ! »

C'est ainsi que finit le vieillard. Ses paroles avaient porté dans nos cœurs l'impression la plus profonde et, obéissant à une commune impulsion, nous criâmes tous à la fois : Vive le roi de France ! Vive l'indépendance hellénique ! Vive la croix !

VII

PRONOSTIC DE LA MUSE HELLÉNIQUE AU ROYAL EXILÉ

Le vieux poète, je l'ai dit, avait paru vouloir demeurer étranger à tous ces récits, et il avait

rouvert ses cahiers et repris la plume. Il nous
étonna fort lorsque, relevant la tête, il éclata tout
à coup par ces mots :

— « Et moi aussi, j'ai quelque chose à vous faire
connaître sur le comte de Chambord ! Ce n'est pas
impunément que l'illustre héritier de France aura
visité la terre de l'antique génie et qu'il sera venu
s'incliner devant sa gloire. Les muses l'ont vu passer du haut de leur déserte demeure, et elles ont
inspiré à leur humble, mais fidèle serviteur, un
chant de bienvenue.

» Ecoutez ce chant, c'est un heureux pronostic
pour le noble prince et pour notre chère France !

I

« Quand je ne saurais pas ton nom, noble étran-
» ger qui foules religieusement la glorieuse pous-
» sière de ma patrie, je te reconnaîtrais à la ma-
» gnanime expression de ton regard, comme aux
» traits majestueux de ta royale figure ! Je sens en
» te voyant que tu ne peux être un simple mor-
» tel, car le signe de la prédestination rayonne
» sur ton front comme une auréole ! Tu es de
» ceux que les foules tumultueuses contemplent
» avec surprise et reçoivent comme un élu du
» Seigneur. »

II

« Oui ! béni sois-tu ! car tu viens en son nom
» et tu marches, obéissant à l'impulsion de son

» souffle pour travailler à l'accomplissement de
» ses œuvres, tu es un instrument de Providence,
» et tu le sais parce que Dieu illumine les cœurs
» de ceux qu'il a choisis, et qu'il leur révèle à
» l'avance leur mission. »

III

» Platon, l'immortel oracle de la sagesse, dont
» le regard pénétrant perça souvent les voiles de
» l'humaine atmosphère et vit devant lui se dé-
» rouler les horizons de l'avenir; Platon qui con-
» çut les architypes des idées et des choses dans
» ses visions de l'absolu, aurait entrevu sous les
» traits de ta royale race l'image idéale de la
» royauté. Il t'aurait distingué parmi les têtes qui
» portent la couronne ou qui aspirent à la por-
» ter ; c'est par lui que je reconnais en toi le si-
» gne de la prédestination ! »

IV

« Né dans le deuil, fils posthume d'un généreux
» prince tombé sous le couteau assassin, tu as
» grandi dans la souffrance, victime innocente
» des révolutions, prenant, encore enfant, le che-
» min de l'exil à la suite de ton chevaleresque
» aïeul ! Tu n'as pas seulement éprouvé la dou-
» leur de vivre loin de la terre qui t'avait vu naî-
» tre, tu l'as vue courbée sous de honteuses ty-
» rannies et se débattre sanglante dans les hor-

» reurs de l'anarchie. Tu as vu cela, et tu n'as pu
» voler à son secours. Proscrit par d'injustes dé-
» crets, il te faut recevoir l'hospitalité d'étrangers
» perfides qui se réjouissent de tes maux et de
» ceux de la France! »

V

« Ton visage respire pourtant la paix et la sé-
» rénité ; plus fort que la destinée, tu braves la
» tempête qui fait chanceler ta nef errante. L'œil
» fixé sur le rivage lointain, tu le montres à ceux
» qui s'impatientent ou perdent courage, et il
» suffit d'un mot de ta royale bouche pour faire
» renaître l'espoir et la foi au cœur de tes fidèles
» amis. Ceux qui s'étaient détournés du chemin
» retrouvent à ta voix leur orientation, et ceux
» qui voulaient arriver trop vite et devançaient ta
» marche, réfrènent leurs ardeurs imprudentes,
» et replacent leur esquif aventureux à la suite de
» ton sillage. »

VI

« Si le doute pouvait traverser ton âme, s'il
» voilait de ses tristes brouillards, un moment à
» tes yeux, le but glorieux, tu n'auras, pour ras-
» sénérer ta pensée, qu'à porter les regards sur
» tous ces bras tendus vers toi comme vers le
» dictame salutaire qui doit guérir toutes les
» plaies des révolutions et des tyrannies. Mais le

» doute cruel qui atteint les faibles et les rend
» chancelants ne peut avoir d'empire sur ta
» grande âme, parce que tu n'aspires à rien qui
» te soit personnel, parce que tu ne veux que le
» juste et l'honnête, et que ta volonté n'est elle-
» même qu'un acte d'obéissance aux desseins de
» Dieu ! »

VII

« L'épreuve imméritée que tu subis n'est qu'une
» consécration nouvelle de ta royauté ; elle fera
» resplendir ta couronne d'un plus bel éclat et te
» rendra plus cher au peuple dont tu auras été
» séparé depuis longtemps, et dont tu compren-
» dras mieux les douleurs pour avoir été toi-
» même malheureux. Cruel secret du cœur hu-
» main ! le malheur seul inspire les affections
» profondes et les héroïques dévouements ; les
» vrais amis ne sont pas aux heureux. Chez nos
» antiques devanciers, un front sanctifié était celui
» que le père des hommes et des dieux touchait
» de sa foudre. »

VIII

« Digne héritier de la monarchie séculaire de
» France ! illustre rejeton des Bourbons ! si les
» vœux, qui de tant de cœurs s'élèvent pour toi,
» sont conformes aux décrets de la Providence, si
» tu répares un jour l'insulte faite aux fleurs de

» lys, glorieux emblème immortalisé par tant de
» héros et de rois magnanimes, souviens-toi de
» Saint-Louis qui combattit pour la croix, et de
» Charles X qui paya, au génie antique, la dette
» de la civilisation moderne, en rendant à la li-
» berté la patrie de Socrate et de Phidias, achève
» l'œuvre interrompue, refoule la barbarie qui
» nous menace encore ! L'hellénisme, affranchi de
» ses derniers liens, doit devenir en Orient l'auxi-
» liaire de la France et l'égide de l'Europe ! »

IX

« Si, comme je l'espère, et comme mon cœur
» me le dit, la France doit encore répandre sur
» le monde sa bienfaisante lumière, tu règneras,
» parce que l'unité française est indissolublement
» lié à ta monarchie ! Plus heureux qu'Henri IV,
» tu réaliseras pour l'allégement des misères du
» peuple ce qu'il n'avait pu que rêver ! Comme
» Alexandre rompit l'inextricable nœud gordien,
» tu résoudras le redoutable problème social de-
» vant lequel sombrent tous les pouvoirs ! tu le
» résoudras, parce que tu n'as pas seulement l'in-
» telligence, mais parce que tu as aussi l'honnê-
» teté et la bonté ! »

X

« Ton règne sera le point de transition entre
» deux âges, le précieux chaînon qui rattachera

» le passé à l'avenir, et les réunira comme deux
» terres séparées par une mer tempétueuse. Aussi
» les flots révolutionnaires viendront se briser à
» tes pieds et la France reprendra paisiblement sa
» marche majestueuse, comme un fleuve ramené
» dans son lit. »

XI

« Les filles de mémoire inscriront ton règne sur
» leur livre d'or parmi les plus grands; elles le
» signaleront aux bénédictions de la postérité! Ta
» grandeur ne sera pas celle des conquérants su-
» perbes, car l'épée dans tes mains ne sera pas
» oppressive, elle sera libératrice! Tu ne cherche-
» ras pas à faire reverdir les lauriers de tes valeu-
» reux ancêtres, mais à planter l'olivier de la paix.
» C'est toi par qui sera fondé le temple de l'hu-
» manité avec l'immortel ciment de la parole di-
» vine. C'est la muse hellénique, solitaire et dé-
» laissée, qui présage à la France ces jours de fé-
» licité! tandis que la muse française s'humilie et
» se tait devant un stupide tyran. »

FIN

TABLE DES MATIÈRES

Typ. Mélanie DUPIN, rue de la Pomme, 28.

ON TROUVE A LA MÊME LIBRAIRIE :

Les Coulisses du Régime Impérial, anecdotes inédites sur le Second Empire, publiées à Toulouse pendant le siége de Paris, par un Journaliste Parisien, in-12, 3e édit. Prix : 50 c. Poste, 60 c.

Henry V, roi de France, par Henry de SAINT-LÉON, brochure in-12, 17e édit. Prix : 50 c. Poste, 60 c.

Henry de France, son passé, son présent, son avenir, par Henry de SAINT-LÉON, forte brochure in-12, ornée d'un beau portrait du Prince, photographié, 6e édit.. . . . . » fr. 75 c. Poste, » fr. 85 c.

Le Roi, Lettres à M. Thiers, par E. BENEZET, forte brochure in-12, 4e édition. . . . . . . 1 fr. » c.

Place au Droit National de la France, par G. VÉRAN, 1 vol. in-8º. . 1 fr. Poste, 1 fr. 25 c.

Sauvons la France, par Auguste BOUCHAGE, avocat. . . . . fr. 75 c. Poste, » fr. 85 c.

Vive le Roi! par M. P. VEDRENNE, forte brochure in-8º. . . . . 1 fr. Poste, 1 fr. 25 c.

SOUS PRESSE :

La France, nouvelles Lettres à M. Thiers, par E. BENEZET.

Causes de la Chute de l'Empire et de l'avortement du 4 septembre, par A. de FONTENILLE, ancien rédacteur du *Moniteur*.

www.ingramcontent.com/pod-product-compliance
Lightning Source LLC
Chambersburg PA
CBHW051009060726
47593CB00017B/1282